# La mosca en la sopa



Lili Schojer
ilustrado por Lluis Cadafalch

Pepe toma su sopa.

—Mm, veo la sopa —dice la mosca.

—Esta sopa es mía.
Sal, mosca —dice Pepe.

—¿Tú te tomas toda la sopa? ¿Y yo?

—¡Sal de mi sopa!
La sopa es solo mía,
mía, mía.

—¿Y yo? ¿Yo no tomo sopa?

—Solo yo me tomo la sopa.

—¿Solo tú? Mmmmmmm...
Yo puedo tomar sopa.
¡A la sopa!